Charles Coquelin

De la conversion des rentes

Essai

ISBN : 978-1973886181

10 9 8 7 6 5 4 3 2 1

Charles Coquelin

De la conversion des rentes

Essai

Table de Matières

De la conversion des rentes

Il y a plus de vingt ans que la question de la conversion des rentes a été soulevée en France, et presque aussi longtemps qu'elle a été portée pour la première fois devant le parlement. Depuis cette époque, il semble qu'elle n'ait pas fait un pas. Est-ce à dire qu'elle présente réellement, comme plusieurs personnes l'assurent, de graves difficultés ? Assurément non ; mais sur aucun point la résistance des intérêts personnels n'est aussi vive, et on verra que cette résistance a été singulièrement favorisée par le système vicieux de nos emprunts publics.

Avant d'entrer dans l'examen de ce sujet, il est bon d'assigner à la mesure qui nous occupe sa véritable importance. On l'a beaucoup exagérée d'un côté, beaucoup amoindrie de l'autre. Voulant traiter simplement une question simple, nous tenons à la renfermer dans ses limites.

Il n'est pas exact de dire, comme on le fait souvent, que la conversion du 5 pour 100 doive exercer une influence salutaire sur notre crédit public, en relevant nos autres fonds. Encore moins doit-elle agir sur le crédit en général. Que le cours de 5 pour 100 soit aujourd'hui déprimé par la menace incessante d'un remboursement au pair, c'est une vérité incontestable, et dont il est facile de se rendre compte. Le 4 et demi et le 4 doivent aussi, bien qu'à des degrés différents, subir la même influence. Mais pourquoi veut-on que cette cause agisse, par exemple, sur le 3 pour 100, placé dans de tout autres conditions ? Il n'y a, quoi qu'on en dise, aucune solidarité entre ces divers fonds, en ce sens du moins qu'une circonstance particulière à l'un doive nécessairement agir sur l'autre : aussi la dépression du 5, due à des motifs qui lui sont propres, ne saurait empêcher le 3, exempt des mêmes entraves, de s'élever au taux que lui assigne l'état du crédit.

On fait remarquer, il est vrai, que les cours de nos fonds publics, sans exception, sont inférieurs à ceux de l'Angleterre et de plusieurs autres états de l'Europe, et on en conclut que c'est la fausse situation du 5 qui pèse sur tous les autres. Le fait que l'on signale n'est que trop vrai ; mais ne trouve-t-il pas, dans l'état du pays, une explication plus naturelle ? Si le cours de nos fonds publics ne répond pas à celui de plusieurs autres pays, c'est qu'en France les capitaux sont plus chers qu'ailleurs, c'est que notre crédit général n'est pas au même niveau. En effet, ce qu'on appelle le crédit public, c'est-à-dire le crédit de l'état, quelque important qu'il nous paraisse, est dominé par le crédit général, dont il n'est, à bien des égards, qu'une dépendance. Le gouvernement français, dit-on, offre bien autant de garanties que tel autre gouvernement plus favorisé que lui. Sans doute : il en offre peut-être davantage ; mais le milieu où il s'agite n'est pas le même, et voilà pourquoi, avec des garanties équivalentes, il n'obtient pas un succès égal. Comment veut-on qu'il emprunte à bon marché dans un pays où les capitaux sont chers ? Il faut bien reconnaître qu'un gouvernement, lorsqu'il emprunte, n'est après tout qu'un riche particulier, soumis comme tous les autres à l'influence du crédit général, et tout ce qu'il peut obtenir en offrant des garanties meilleures, c'est d'emprunter au taux le plus favorable que la situation du pays comporte. Veut-on que le cours des fonds publics s'élève ? que l'on travaille à étendre le crédit général, et pour cela une seule chose est à faire : c'est de favoriser, disons mieux, c'est de permettre en France le développement des institutions de crédit, que l'on s'obstine à étouffer.

Renonçons donc à invoquer, à propos de la conversion des rentes, ces considérations générales qui n'ont aucune valeur. N'attribuons pas à un fait dont l'action est circonscrite, une influence qu'il ne doit point avoir. La conversion n'est autre chose qu'une mesure d'économie et d'ordre : c'est à cet unique point de vue qu'il faut l'envisager. Que si elle peut réagir sur le cours de nos fonds, c'est seulement en contribuant à améliorer notre situation financière, et par conséquent le crédit particulier de l'état.

Mais il faut convenir aussi que sa portée véritable a été beaucoup amoindrie. Selon quelques hommes, il s'agirait seulement de réaliser, une fois pour toutes, une faible économie de quelques millions sur les intérêts annuellement servis par le trésor : encore cette économie dérisoire devrait-elle être achetée par une augmentation correspondante du capital. Rien ne prouve mieux que la hardiesse de ces assertions combien la longue résistance du pouvoir à une mesure juste autant qu'utile a encouragé l'erreur. Nous verrons, au contraire, que la plus faible des réductions que l'on puisse effectuer est au moins de 13 millions ; qu'une réduction double de celle-là, ou de 26 millions, ne serait guère plus difficile à obtenir, et que, si l'on voulait aller jusqu'aux dernières limites du possible, on arriverait dès à présent, sans concessions aucunes, à des résultats encore plus grands.

L'importance de la mesure étant ainsi déterminée, entrons dans l'examen des questions qui s'y rattachent. La première est celle-ci : la conversion est-elle juste ? est-elle légale ? Bien qu'à vrai dire il n'existe plus aujourd'hui qu'une opinion sur ce sujet, quelques voix se sont pourtant élevées pour combattre le principe. Il se rencontre encore des hommes qui repoussent d'une manière absolue toute idée de conversion. Sans nous livrer à une discussion approfondie de leur système, il nous suffira peut-être d'en signaler l'inconséquence.

Que veulent-ils ? Que le 5 pour 100 soit déclaré irremboursable ? Si l'on venait jamais à adopter une résolution aussi étrange, il faudrait tout au moins changer les termes de la proposition, pour ne pas faire figurer dans la loi une absurdité ou un non-sens. Comment ne voit-on pas que la seule formule, 5 pour 100, à laquelle on s'attache sans y prendre garde, et qu'on veut conserver, emporte avec elle l'idée du remboursement que l'on repousse ? D'où viennent, en effet, ces termes *cinq* et *cent*, et que signifie le rapprochement de ces deux chiffres ? Est-ce que jamais, soit dans les mains des rentiers, soit sur les livres, de l'état, ce fonds s'est divisé en particules de cinq francs ? Est-ce qu'il y a jamais eu à la Bourse un rapport nécessaire et constant entre cinq francs de rentes et cent francs de capital ? Évidemment non : cette formule ne s'explique qu'autant que le fonds, dont il s'agit, est remboursable, et les deux chiffres qui la composent expriment précisément le rapport à établir entre le capital et la rente, dans le cas prévu du remboursement. Otez l'idée du remboursement, il n'y a plus de cinq : en outre, ce chiffre *cinq* n'a plus aucun rapport nécessaire avec le chiffre *cent* auquel on l'associe. Aussi quand nous disons 5 pour 100, c'est exactement comme si nous disions : *fonds remboursable à raison de cent francs de capital pour cinq francs de rentes.* C'est pourquoi déclarer, comme on le demande, le 5 pour 100 irrem3oursable, ce serait établir dans la même proposition le pour et le contre, ce serait faire dire à la loi, qui est présumée l'expression de la sagesse d'un pays, un non-sens et une absurdité.

Cette observation si simple devrait suffire pour faire reconnaître aux adversaires absolus de la conversion l'erreur de leur doctrine, s'il n'y avait malheureusement des erreurs obstinées qui résistent même à l'évidence. Vous niez la faculté du remboursement ; niez donc aussi l'existence de la formule qui porte cette faculté écrite et qui la rappelle sans cesse, formule créée avec le fonds même et transmise de bouche en bouche, de bulletin en bulletin, depuis les fondateurs de la rente jusqu'à nous. Nous n'insisterons pas davantage sur ce sujet, bien convaincus que les chambres, prenant à cœur le bien de nos finances, ne tiendront aucun compte de ces résistances aveugles.

Il faut donc partir de ce principe incontestable, que l'état a le droit de rembourser les rentiers quand il trouve son avantage à le faire, et cet avantage est évident du jour où il peut emprunter à de meilleures conditions. Lorsque notre crédit était bas et qu'il nous était impossible d'obtenir des clauses plus favorables, nous avons emprunté à 5 pour 100, et même à un taux fort supérieur, car il s'en faut bien que l'état ait toujours reçu 100 francs de capital pour 5 francs de rentes. Aujourd'hui que notre crédit s'est élevé, aujourd'hui que nous pouvons emprunter, non pas seulement à 4 et demi, mais au-dessous même de 4, nous voulons, ou éteindre nos anciennes obligations, ou les renouveler avec vous sous d'autres conditions. C'est pourquoi, ou nous vous rembourserons au pair, c'est-à-dire au taux prévu et fixé par nos conventions, ou vous accepterez, en échange de vos anciens titres, des titres nouveaux, qui se rapportent mieux à l'état actuel du crédit.

Rien de plus simple que cet arrangement. Le droit de l'état est évident, puisqu'il résulte de la convention même ; de plus, l'exercice de ce droit est pour le gouvernement un devoir, car il agit pour le compte des contribuables, et y renoncer, ce serait commettre un gaspillage odieux de la fortune publique.

Dira-t-on qu'il en résulte une lésion pour les rentiers ? Mais, au moyen du remboursement au pair, la plupart des rentiers reçoivent plus qu'ils n'ont donné, et, dans tous les cas, tout ce qu'on leur avait promis, tout ce qu'ils avaient le droit d'espérer dans les éventualités les plus favorables. De quoi donc peuvent-ils se plaindre ? La diminution de leur revenu, résultat nécessaire de la conversion, est peut-être, à leur égard, une chose fâcheuse ; mais cet inconvénient leur est commun avec tous les capitalistes. Quiconque fait valoir une somme, soit sur les fonds publics, soit en placements dans le commerce, voit diminuer son revenu dans les temps prospères, alors que le taux de l'intérêt s'abaisse. Est-ce à dire qu'il soit lésé ? Non : il subit l'influence naturelle du changement des temps. Faut-il que le rentier de l'état échappe à cet égard à la loi commune ? Rentiers ou capitalistes trouvent d'ailleurs un dédommagement à cette diminution de leurs revenus, tant dans la sécurité plus grande dont ils jouissent que dans les facilités qu'ils trouvent eux-mêmes à emprunter. Disons plus, le rentier a sur le simple capitaliste cet avantage, que, recevant toujours par le remboursement au pair plus qu'il n'a donné, avant que son revenu soit amoindri, il est déjà dédommagé par l'accroissement du capital. Après tout, nous ne nierons pas qu'il ne fût commode pour les créanciers de l'état de percevoir en tout temps ces intérêts élevés, que l'on n'obtient d'ordinaire que dans les temps de crise. Toute la question est de savoir s'il est permis à un gouvernement qui se respecte de leur faire, aux dépens des contribuables, ces libéralités gratuites.

On rappelle avec grand bruit que le 5 pour 100 a été inscrit au temps de nos troubles révolutionnaires, et que les porteurs de ces rentes ont eu à subir alors une réduction arbitraire, qui a frappé tout à la fois capital et revenu : d'où l'on conclut que l'état devrait aujourd'hui se résoudre à un sacrifice pour réparer l'injustice faite en d'autres temps. Mais d'abord toute la masse du 5 ne date pas de l'époque révolutionnaire ; on le sait bien ; il faudrait donc tout au moins distinguer les origines et les dates. Ensuite, de ces anciens propriétaires de rentes, sur lesquels les réductions arbitraires ont porté, combien y en a-t-il qui survivent ? et de ceux qui survivent combien ont conservé leurs titres ? Considérez donc le nombre incroyable de mutations qui ont dû s'opérer depuis un demi-siècle sur des valeurs si facilement transmissibles, et qui sont tous les jours l'objet de transactions considérables. Est-il possible après cela de songer sérieusement à réparer les torts d'autrefois. Sauf quelques exceptions assez rares, cette prétendue réparation n'irait pas à son adresse, et sous prétexte d'indemniser ceux qui ont perdu au milieu des désastres de la révolution, on ne ferait qu'octroyer de

Charles Coquelin

nouveaux bénéfices à ceux qui, ayant acheté au taux de 70, de 60 ou même de 50 francs, n'ont déjà qu'à se louer d'un remboursement au pair.

N'élevons donc plus aucun doute sur la justice de la mesure, et voyons seulement quand et dans quelles limites il convient de l'entreprendre. De ce que nous venons de dire, il résulte assez clairement que l'état ne doit consulter en cela que ses convenances particulières et ne considérer qu'une seule chose, la possibilité de l'exécution. Quand arrive-t-il donc que la conversion est possible ? C'est lorsque le titre placé sur l'échelle des rentes immédiatement au-dessous de celui que l'on veut convertir vient à franchir le pair. En d'autres termes, le 5 pour 100, par exemple, est réductible en 4 et demi, quand ce dernier vient à valoir plus de 100 francs à la Bourse.

Que jusque-là la conversion soit impraticable, c'est ce qu'il est trop facile de comprendre. Il faut partir de cette vérité que le remboursement du capital des rentes est rigoureusement impossible en fait, surtout pour un fonds aussi considérable que le 5 pour 100 français. Il ne s'agit pas moins, en effet, que d'un capital de deux milliards et demi. Comment l'état pourrait-il jamais effectuer en réalité une liquidation semblable ? Aussi l'offre du remboursement est-elle toujours accompagnée en pareil cas de celle d'une conversion des anciens titres en d'autres titres nouveaux, et l'état laisse aux créanciers l'option entre ces deux offres. Il espère qu'au lieu d'accepter le remboursement pur et simple du capital de leurs créances, la plupart d'entre eux se décideront pour la conversion qu'il leur présente. C'est sur cette espérance que toute l'opération se fonde ; elle seule la rend possible. Cependant, pour que cette espérance ne soit pas trompée, il faut que la conversion offre des avantages pour le moins aussi grands que le remboursement, ce qui n'a lieu qu'autant que les nouveaux titres ont eux-mêmes une valeur supérieure au pair. Si le 4 et demi, par exemple, ne valait actuellement que 99 francs à la Bourse, sur quel fondement espérerait-on le faire accepter au lieu d'un remboursement à 100 francs ? Que si, dans de telles circonstances, la conversion pouvait encore être tentée, ce serait à cette seule condition, qu'on offrirait aux rentiers, en dédommagement de la perte réelle qu'on leur ferait subir, la perspective d'un accroissement du capital dans l'avenir. Ce serait

alors une combinaison d'une autre sorte, combinaison fort délicate, admissible pourtant, et sur laquelle nous reviendrons.

Mais si le 4 et demi, au lieu d'être à 99 francs, comme nous venons
de le supposer, s'élève au-dessus du pair et s'y maintient, nul doute
que la conversion ne devienne alors possible, et même facile. Il n'est
plus nécessaire de recourir à des combinaisons savantes, d'imagi-
ner des dédommagements ou des compensations. L'opération est
toute tracée par la situation des choses, et porte avec elle tous ses
éléments de succès. L'état dit à ses créanciers, porteurs du 5 : « J'ai le
droit de vous rembourser au pair, c'est-à-dire à raison de 100 francs
de capital pour 5 francs de rentes, et ce droit, le moment est venu
pour moi d'en user. Je suis donc prêt à vous restituer vos fonds.
Cependant, soit dans votre intérêt personnel, soit pour ma propre
commodité, je vous laisse l'alternative ou de réclamer ces fonds en
capital, ou de recevoir, pour chaque somme de 100 francs qui vous
est due, une rente de 4 et demi, laquelle vaut actuellement plus de
100 francs à la Bourse. » En pareil cas, l'hésitation n'est guère per-
mise, et le choix à faire n'est pas douteux. Tout créancier bien avisé,
renonçant au remboursement auquel il a droit, acceptera les nouveaux titres qu'on lui offre en échange, puisqu'il trouvera dans cette
option un bénéfice clair, assuré, immédiat. Quant aux exceptions
en petit nombre qui pourraient se rencontrer, elles ne s'explique-
raient que par une ignorance assez rare en pareille matière, ou par
une négligence qui n'est guère plus commune. Toutefois, quelques
cas semblables devant naturellement se présenter, il est entendu
que le gouvernement devrait se mettre, à tout évènement, en mesure de satisfaire à ces demandes exceptionnelles.

On a quelquefois supposé, nous ne savons pourquoi, que l'état,
lorsqu'il offre à ses créanciers ou le remboursement ou la conversion des rentes, spécule sur l'embarras où il les jette, sur la difficulté
qu'ils éprouveraient, dans le cas d'un remboursement intégral, à
trouver immédiatement le placement de leurs fonds. Rien de plus
injuste et de moins fondé que cette supposition. Si un gouvernement pouvait jamais concevoir une telle pensée, ce qui serait,
pour le dire en passant, fort immoral, il serait à coup sûr trompé
dans son calcul, car cet embarras prétendu n'existe point. De deux
choses l'une : ou le titre offert en échange de celui que l'on veut
convertir vaut plus que le pair, ou il vaut moins. Dans le premier

Charles Coquelin

cas, l'état n'a pas besoin de spéculer sur l'embarras de ses créanciers, puisqu'il leur offre mieux que le remboursement auquel ils ont droit ; il n'a besoin que de compter sur leur raison, sur leur bon sens, sur les suggestions ordinaires de leur intérêt personnel, et enfin sur leur aptitude à faire la plus simple des opérations de l'arithmétique. Dans le second cas, c'est bien vainement qu'il croirait les tenir à sa merci. Où seraient en effet pour eux ces difficultés que l'on suppose ? Vous m'offrez, vous, gouvernement, à moi, rentier de l'état, ou 100 francs de capital ou 4 et demi de rentes, qui ne valent actuellement que 99 francs à la Bourse, et vous pensez m'obliger à accéder de préférence à cette dernière offre parce que je trouverais difficilement à placer mes fonds : je prends les 100 francs, et si ces fonds m'embarrassent, si je n'en trouve pas ailleurs un placement avantageux, si je tiens enfin à demeurer rentier de l'état, j'irai de ce pas à la Bourse, et ce même 4 et demi que vous voulez me faire accepter comme l'équivalent de 100 francs, je l'achèterai à 99, cours du jour. Il n'y a donc dans tout ceci ni calcul machiavélique à faire, ni embarras à exploiter. Les positions respectives sont nettes, les rapports très simples, et la transaction proposée est telle que le bon sens la dicte.

Le 5 pour 100 n'est donc conversible en 4 et demi qu'autant que ce dernier dépasse le pair ; mais l'est-il aussitôt que cette limite est franchie ? Oui, en principe rigoureux. On comprend bien toutefois qu'avant de s'engager dans une opération de cette importance, le gouvernement qui l'entreprend doit tenir compte des fluctuations qui peuvent survenir dans le cours de la rente durant la conversion, et par le fait de la conversion même. Il faut peu de chose, on le sait, pour occasionner une baisse de 1 ou 2 francs en quelques jours, et il n'en faudrait pas davantage en pareil cas pour faire échouer l'entreprise. Aussi une conversion engagée sous de telles conditions serait bien aventurée, d'autant mieux que le sentiment seul des dangers qu'elle présenterait suffirait peut-être pour entraîner immédiatement la chute des fonds.

Il est très difficile de déterminer d'une manière générale et absolue le terme précis où s'annonce la possibilité d'une conversion. Pour mieux dire, il n'y a point à cet égard de règles générales à établir, car il faut tenir compte de bien des circonstances diverses, tout apprécier et tout prévoir. Il faut considérer d'abord l'importance du capital à rembourser, en second lieu la situation plus ou moins calme, plus ou moins embarrassée, du marché public, enfin la position du gouvernement, ses moyens actuels et ses ressources. Toutefois, la part faite des circonstances, on peut dire, sans trop s'engager, que la conversion d'un titre de rentes est en général possible et facile lorsque le titre inférieur arrive à 103 ou 104 francs, et qu'il se maintient à ce taux d'une manière ferme et continue. Une fois ce terme arrivé, pourquoi attendrait-on davantage ? Le consentement des créanciers n'est pas douteux. D'autre part, il faudrait que l'opération même fût bien mal préparée, bien mal conduite, pour que sa seule influence déterminât une baisse de 3 ou 4 francs sur un cours bien établi. Nous admettrons sans doute que lorsque le fonds à rembourser ou à convertir est très considérable, comme notre 5 pour 100, il est bon de procéder avec sagesse, de n'entreprendre l'opération que lorsque l'état a des réserves, lorsque de toutes parts les fonds abondent, et de s'appuyer en outre sur le concours de plusieurs banquiers puissants, afin de faire face à toutes les éventualités possibles ; mais assurément, toutes ces précautions prises, il n'y a point de fonds, si considérable qu'on le suppose, qui ne soit réductible dans de semblables conditions.

Appliquant ces considérations générales à notre situation présente, on peut voir tout à la fois dans quels termes se présente aujourd'hui la conversion du 5 pour 100, et, de plus, quelle serait l'étendue des opérations que l'on pourrait tenter.

Il y a si longtemps que notre 4 et demi a dépassé le pair, qu'à moins de circonstances extraordinaires, exceptionnelles, on ne comprend guère qu'il puisse y revenir. Il n'est pas à 103 ou 104 francs, comme nous le supposions tout-à-l'heure : les dernières cotes de la Bourse le portent à 115 et au-delà ; mais ce n'est point assez. Quand les fonds publics arrivent une fois à ce taux, quand ils dépassent si notablement le pair, le cours même de la Bourse cesse d'être la véritable mesure de leur valeur. En effet, la perspective plus ou moins éloignée d'un remboursement futur pèse sur eux et les déprime. Ce n'est pas seulement le 5 dont elle arrête l'essor ; le 4 et demi et même le 4 en sont pareillement affectés, bien qu'à des degrés différents. Voulez-vous avoir la véritable mesure de la valeur de ces fonds, comparez-les au 3 pour 100, qui est pour longtemps encore affranchi de ces entraves. Au moment où nous écrivons ces lignes, le 3 est à 85 et plus à la Bourse. Eh bien ! ce cours actuel du plus libre de nos fonds porte proportionnellement le 5 à 141 francs et le 4 et demi à 127. Le 4 même, qui est coté à la Bourse à 108, s'élève dans ce calcul à 113 fr. Telles sont, en effet, les valeurs réelles de ces divers titres, à ne considérer que l'état de notre crédit public, et en les supposant affranchis de l'idée du remboursement qui les déprime.

La conséquence à tirer de là est simple : non-seulement la conversion du 5 en 4 et demi est chose naturelle et facile, mais le moment où elle aurait dû se faire est tellement dépassé, tellement éloigné de nous, que l'on s'étonne qu'il en soit encore question.

En effet, ce n'est pas en 4 et demi, c'est en 4 que la conversion du 5 devrait aujourd'hui s'effectuer. Cette opération que la chambre des députés réclame, devant laquelle le gouvernement s'arrête, et que des voix malavisées osent encore combattre ; cette opération, disons-nous, devrait être un fait accompli depuis longtemps. Il y a plusieurs années que le 5 aurait dû disparaître de nos registres publics, que le 4 et demi aurait dû en occuper la place, et c'est ce dernier qu'il faudrait aujourd'hui s'occuper de convertir.

Si la conversion se présentait dans ces termes, loin de la trouver prématurée et trop hardie, nous oserions soutenir encore qu'elle est tardive. Combien de temps y a-t-il, en effet, que le 4 est coté à la Bourse avec une prime notable ! Et prétendra-t-on qu'à ces conditions il n'est pas encore digne d'être offert en échange d'un remboursement au pair ?

Allons plus loin : la conversion en 3 et demi n'est pas actuellement praticable, à moins de combinaisons irrégulières, exceptionnelles, parce que ce dernier fonds n'a pas atteint le pair ; mais, si le gouvernement français s'était montré aussi attentif à réaliser, par les conversions, toutes les économies possibles, qu'il s'est montré habile à les repousser ou à les éluder, rien ne l'empêchait de fractionner davantage l'échelle de nos rentes, de la diviser par quarts d'unités, et, par exemple, de créer, entre le 3 et demi et le 4, un 3 trois quarts pour 100. Rien de plus raisonnable, rien de plus nécessaire même, quand le crédit public, une fois parvenu à un certain degré d'élévation, ne peut plus faire que des progrès presque insensibles. Supposons que ce dernier fonds existe : à quel taux s'élèverait-il ?

En prenant toujours pour point de départ le cours actuel du 3, et faisant la proportion, on trouve qu'il atteindrait aujourd'hui 106 francs. Voilà donc un titre qui serait lui-même proposable à la place d'un remboursement au pair, puisqu'il laisserait encore, à ceux qui l'accepteraient de préférence, un bénéfice de 6 francs par chaque coupon de rente.

Certes, s'il s'agissait d'un fonds peu considérable, ou seulement d'une importance moyenne, dont le capital ne s'élevât, par exemple, qu'à 5 ou 600 millions, cette conversion en 3 trois quarts serait la chose du monde la plus naturelle et la plus simple. A ce taux, elle offrirait déjà aux rentiers des avantages si évidents, si clairs, relativement au remboursement, que nul n'hésiterait à l'accepter. Entreprise d'ailleurs sur une semblable échelle, l'opération ne serait pas de nature à exercer sur les fonds une dépression sensible, et il serait toujours facile de se mettre en garde contre les évènements imprévus. Mais il s'agit d'un capital de 2 milliards et demi, et son importance seule est peut-être un motif pour qu'on y regarde à deux fois. Offrir à ses créanciers le remboursement éventuel d'une pareille somme est chose grave. Par cela même que ce remboursement est irréalisable au fond, il ne suffit même pas que la conversion offerte à sa place présente aux créanciers des avantages clairs, évidents et très palpables. Il faut encore qu'il existe, entre le cours actuel du nouveau fonds et le pair, une marge assez grande, pour que les fluctuations qui surviendraient, et un léger ébranlement du cours, ne suffisent pas pour changer les conditions du marché. Le 3 3/4 vaut aujourd'hui 106 francs, à la bonne heure, et nous, rentiers, nous l'accepterons de préférence à un remboursement au pair ; mais une opération comme celle qui nous occupe ne s'achève pas en un jour. Qu'arrivera-t-il si, pendant qu'elle se poursuit, les fonds fléchissent, et que de 106, chose possible, ils tombent seulement à 103 ? A ce point même, il est vrai, l'avantage de la conversion subsiste ; seulement il devient plus faible, et, ce qui est bien plus grave, déjà des doutes s'élèvent sur les résultats du lendemain. Avec le doute naît la peur, et l'on sait qu'il n'en faut pas davantage, pour mettre tout en péril.

Il ne faut pourtant pas croire que ces difficultés fussent alors même insurmontables. Non ; si la conversion était entreprise en 3 trois quarts, comme les circonstances et l'état de notre crédit semblent l'indiquer, elle serait assurément une opération grave et délicate, mais non pas impossible. Il faudrait chez le ministre qui l'entreprendrait, avec une certaine habileté, beaucoup de circonspection et de prudence. Il devrait s'armer de précautions, choisir le moment favorable, et s'entourer à tout évènement de l'appui de quelques grandes maisons. Ces mesures bien prises, et l'opération poussée tout à la fois avec vigueur, avec intelligence et avec suite, nous ne doutons pas qu'elle ne s'achevât sans aucun ébranlement fâcheux. Quoi qu'il en soit de cette pensée, il est certain que c'est dans ces conditions seulement que la conversion réduirait les rentes à leur véritable taux, et placerait nos fonds sur le degré de l'échelle où l'état réel de notre crédit les porte.

Voilà donc ce qu'il serait possible de faire dès à présent. Remarquez bien que ce n'est pas ce que nous proposons soit au gouvernement, soit aux chambres ; nous savons trop bien qu'un semblable conseil ne serait pas suivi. Nous avons voulu montrer seulement tout ce qu'il serait actuellement permis d'entreprendre. Supposons toutefois pour un instant que cette hypothèse vînt à se réaliser, et voyons quelle est la somme des économies annuelles qu'elle apporterait au budget de l'état.

Le montant des rentes 5 pour 100 inscrites au grand-livre était, au 1^{er}octobre 1844 (voyez le projet de budget pour l'exercice de 1846), de 146,775,408 francs, formant un capital de 2,935,508,160 francs. En faisant déduction de ce qui appartient à la caisse d'amortissement, pour avoir été racheté par elle lorsque le 5 était au-dessous du pair, ce qui reste à payer annuellement de ce chef aux porteurs de rentes s'élève encore, en chiffres ronds, à 134 millions, représentant un capital de 2 milliards 680 millions. C'est sur cette somme de 134 millions, montant des intérêts annuels, que les réductions devraient porter, le capital restant nominalement le même.

Si le 5 était converti seulement en 4 et demi, ce serait donc, sur cette somme de 134 millions, une réduction d'un dixième à effectuer, soit 13 millions 4.00,000 francs. Cette économie n'est pas énorme, sans doute : nous conviendrons même qu'il est telle mesure législative fort simple qui pourrait procurer à la France des avantages beaucoup plus grands ; mais de ce qu'on néglige celle-ci, ce n'est pas une raison pour repousser l'autre. Après tout, une économie de plus de 13 millions par an, si facilement réalisable, n'est jamais à dédaigner, et surtout en face d'un budget en déficit.

Mais ce n'est là que le premier pas à faire. En supposant une conversion en 4, chose facile, nous l'avons dit, l'économie est double, soit de 26 millions 800,000 francs par an. A ce point, la mesure s'élève, et son importance frappe les yeux. Enfin, une conversion en 3 trois quarts porterait le bénéfice annuel à réaliser sur le 5, à 33 millions 500,000 francs. Il est entendu, en outre, que, dans cette dernière hypothèse, l'opération devrait embrasser le 4 et demi et le 4, qui seraient ramenés au taux commun. La réduction à faire sur ces deux fonds ne s'élèverait guère, du reste, qu'à 1 million, ce qui, ajouté à la somme précédente, constitue une économie totale de 34 millions 500,000 francs.

Voilà donc en somme ce que l'état peut gagner annuellement. Pour arriver à ce résultat, nous n'avons en rien forcé les hypothèses, ni exagéré les chiffres. Tout ce que nous venons de supposer est chose possible, réalisable dès à présent. Encore une fois, nous ne demandons pas qu'on l'entreprenne ; mais nous affirmons que ces résultats sont entre les mains du premier ministre qui, avec la puissance d'agir, aura la ferme volonté de faire le bien.

Dans tout ce qui précède, nous avons supposé qu'en opérant la conversion des rentes, on suivrait le système le plus direct, celui que la seule nature des choses indique, et qui consiste simplement à offrir aux porteurs de rentes, en échange du fonds que l'on veut convertir, un autre fonds plus bas, et pourtant déjà supérieur au pair, de manière que, par la seule considération de sa valeur propre, il puisse être accepté de préférence au remboursement. Mais il existe un autre système, qui permettrait de réaliser pour le présent des économies encore plus larges, système qui a été pratiqué ailleurs et recommandé en France par de très bons esprits. Il consiste à offrir aux rentiers un fonds inférieur au pair, c'est-à-dire insuffisant par lui-même pour être accepté comme l'équivalent d'un remboursement effectif, mais en accompagnant cette offre de certains autres avantages propres à dédommager les rentiers de la perte réelle que la conversion leur ferait alors éprouver. Éclaircissons cette idée par un exemple.

La somme des rentes 5 pour 100 est, comme on l'a vu, d'environ

134 millions, représentant un capital de 2,680,000,000. Par une conversion en 3 trois quarts, l'intérêt annuel de cette somme serait donc diminué de 33,500,000 francs, c'est-à-dire réduit de 134 millions à 100,500,000 francs ; mais il est entendu que, dans cette hypothèse, le capital reste le même, et, en effet, 100,500,000 francs en 3 trois quarts représentent exactement le même capital que 134 millions en 5 pour 100. Eh bien ! , l'état peut dire à ses créanciers : Au lieu de faire porter sur le montant de vos rentes une réduction de 33,500,000 francs, comme l'état du crédit m'y autorise, je la ferai plus forte, par exemple, de 40 millions, ce qui fera descendre la somme totale de 134 millions à 94. Par là j'excéderai la mesure de mon droit, je vous ferai éprouver une perte que rien ne vous oblige à subir ; mais pour vous en dédommager, j'élèverai votre capital, et ces 94 millions qui vous restent, je vous les livrerai en 3 pour 100. En effet, 94 millions en 3 pour 100 représentent un capital de 3,133,000,000. Il y aurait donc en ce cas, pour les rentiers, un sacrifice à faire de 6,500,000 fr. sur les intérêts annuels, mais aussi un bénéfice de 453 millions sur le capital de leur créance.

Dans cette dernière supposition, nous avons pris les chiffres presque au hasard, et uniquement pour nous servir d'exemple. Aussi n'entendons-nous pas les donner comme bases d'un calcul. On trouvera, sans doute, que nous supposons une réduction d'intérêts bien faible comparativement à l'énorme accroissement du capital. Cela peut être, et pourtant nous serions tentés de croire tout le contraire. On verra, du reste, que dans ce système, il serait tout-à-fait impossible d'établir entre les deux valeurs échangées une proportion exacte.

On voit bien maintenant que nous n'étions pas arrivés tout à l'heure à la dernière limite des réductions possibles. Avec le moyen que nous exposons, le champ des économies s'étend, et l'œuvre de la conversion prend des proportions encore plus grandes. Que faut-il penser de ce nouveau mode ? L'Angleterre l'a pratiqué, de bons esprits l'ont exalté en France ; on sait qu'il était particulièrement cher à M. J. Laffitte, dont l'autorité en ces matières est d'un grand poids, et que ce financier, aussi éclairé que respectable, avait à cœur de le faire prévaloir. Malgré l'exemple de l'Angleterre, qui n'a pas d'ailleurs procédé toujours de la même façon, malgré la juste autorité qui s'attache à l'opinion de M. J. Laffitte, nous avouons que ce système nous paraît essentiellement vicieux dans son principe. Voyons d'abord les avantages qu'il présente, nous en montrerons ensuite les inconvénients.

Il est certain qu'en opérant la conversion en 3 pour 100, on se mettrait en mesure d'obtenir dès à présent des économies plus fortes. Admettons, si l'on veut, que la différence en mieux soit encore plus grande que nous ne l'avons supposé tout à l'heure ; ce serait là un avantage réel, au moins quant à présent. De plus, en livrant à ses créanciers du 3 pour 100, l'état s'affranchirait pour longtemps de l'obligation de remanier les rentes, tandis qu'au contraire, en leur donnant du 3 trois quarts, il s'expose à recommencer dans peu d'années une opération semblable. En effet, ce dernier titre valant déjà sensiblement, plus que le pair, celui de nos fonds qui le suit dans l'échelle, c'est-à-dire le 3 et demi, ne tardera guère, pour peu que notre crédit s'élève, à franchir aussi cette limite ; dès-lors, une nouvelle conversion en 3 et demi deviendra imminente. Au contraire, en convertissant aujourd'hui en 3 pour 100, on se prépare un long repos. A voir le taux auquel est aujourd'hui ce dernier fonds, soit en France, soit même dans les pays voisins, il n'est guère permis de croire qu'il arrive de longtemps à dépasser le pair, au moins d'une manière assez sensible pour autoriser sa conversion. Cette quiétude enfin, ce repos que l'on procure à l'état, on l'assure par le même moyen à ses créanciers, et si on leur fait supporter dans le présent une réduction plus forte qu'il ne faudrait, on leur assure du moins, pour un temps fort long, la jouissance paisible de ce qui leur reste. Tels sont, en résumé, les avantages de ce système. Nous ne croyons pas les avoir atténués en les exposant, voyons maintenant les inconvénients qui les balancent.

On remarquera d'abord que, dans cette hypothèse, la conversion n'est plus une simple réduction d'intérêts, telle que tout débiteur peut et doit l'exiger de ses créanciers, lorsque le crédit général et son crédit particulier s'élèvent. C'est une combinaison financière, une sorte de transaction ou de marché. L'état offre à ses créanciers, comme compensation d'une réduction d'intérêts qu'ils ne lui doivent pas, une augmentation de capital qu'il ne leur doit pas davantage. Dès-lors il s'agit pour les uns et pour les autres d'équilibrer les avantages offerts avec les sacrifices demandés ; balance fort simple en apparence, mais dans laquelle il n'y a malheureusement,

Charles Coquelin

ni pour le gouvernement ni pour les créanciers, de base certaine d'appréciation ou de règle fixe. Certes, si cette augmentation offerte sur le capital était actuellement réalisable, la balance serait facile à établir : il ne s'agirait alors que d'un simple calcul d'intérêts, et une règle de proportion ferait à l'instant cesser tous les doutes ; mais en est-il ainsi ? Loin de là. Cet accroissement de capital n'existe pour ainsi dire qu'en perspective ; il ne sera réalisable que dans un avenir très éloigné, très incertain. Il faut pour cela que le 3 pour 100 atteigne le pair. Qui peut dire à quelle époque il y arrivera ? est-il même sûr qu'il y arrive jamais ? Si le gouvernement doit le croire et agir en conséquence, il est permis aux rentiers de l'état d'en douter. Dans tous les cas, il n'est donné ni au gouvernement, ni aux rentiers de prévoir l'époque où cet évènement se réalisera. Dès-lors, qu'est-ce que cet accroissement futur et hypothétique du capital ? Dans quelle mesure peut-il compenser une perte sur les intérêts, annuelle et certaine ? sur quelle base enfin établira-t-on sa valeur ?

On voit bien que cette théorie repose, dans son ensemble, sur des données très vagues, très incertaines. Il faut, pour la mettre en pratique, comparer des valeurs fort différentes entre elles, sans posséder les vrais éléments d'appréciation. Quel ne doit pas être l'embarras d'un ministre qui entreprend une conversion selon cette méthode, quand il vient à se demander quelle sera l'étendue des concessions à faire au nom de l'état, et l'étendue des sacrifices à exiger des créanciers ! L'embarras des rentiers, quand il s'agit d'accepter ces offres, doit être encore plus grand, et pour eux, il est sûr que ce n'est qu'après l'événement qu'ils connaissent à peu près la valeur de ce qu'ils prennent. Il faut donc marcher dans cette voie presque au hasard. Pourtant, si les concessions faites par l'état sont trop grandes, les intérêts publics sont sacrifiés ; dans le cas contraire, des résistances se manifestent, l'opération avorte, et le crédit est compromis. Nulle part il ne serait plus nécessaire de posséder la juste mesure des choses, et cette mesure n'existe point. Nous savons bien qu'il y a un moyen commode d'assurer le succès d'une telle opération, de s'affranchir de ces embarras et de ces doutes : c'est de faire très large la part des créanciers et très petite celle de l'état, et ce moyen, nous savons bien aussi qu'on ne manque jamais d'y recourir ; mais voilà pourquoi, dans un marché de ce genre, l'état est toujours dupe.

On ne voit pas qu'offrir aux créanciers de l'état une augmentation future de capital, en échange d'une perte d'intérêt présente, c'est en quelque sorte déplacer les rôles ; c'est mettre la prévoyance de l'avenir du côté des hommes qui meurent, et ne laisser à l'état, qui doit vivre, que le souci du présent. N'est-ce pas le contraire qui devrait être, et cette seule considération, bien appréciée, ne devrait-elle pas suffire pour faire juger tout le système ? Voyez en effet l'étrange calcul ! Moi, l'état, moi, qui dois durer et prendre possession de l'avenir, je vous hypothèque cet avenir, à vous, simple mortel, qui ne serez plus demain. Je veux que vous m'abandonniez une portion de vos avantages présents, en vue de bénéfices éloignés, dont, selon toute apparence, vos héritiers seuls pourront jouir. Vous dont la vie est bornée, je veux que vous reportiez vos espérances à des jours que vous ne connaîtrez pas ; et moi, dont l'existence n'a point de terme, pour qui l'avenir et le présent se confondent, j'aliénerai mon avenir en vue du moment présent ! N'est-il pas vrai que dans ce calcul les justes notions des choses sont renversées et les rôles intervertis ? Il est au moins parfaitement impossible que les rentiers estiment à leur juste valeur les bénéfices incertains, éloignés, qu'on leur promet. Aussi l'état n'obtiendra-t-il jamais, dans une transaction de ce genre, que des concessions' fort médiocres, en échange de sacrifices considérables.

Quant à l'avantage qu'on fait valoir d'avoir moins souvent à remanier les rentes par de nouvelles conversions ; nous avouons qu'il nous touche peu. Qu'est-ce après tout qu'un travail semblable, quand il est fait à propos et dans ses véritables termes ? Rien, ou presque rien. Une première opération mal conçue, mal entreprise, a d'abord jeté en France quelque discrédit sur le principe en général. Dans la suite, à force de résister à une mesure si juste, à force d'en exagérer la portée, on a fini par persuader à quelques gens, par se persuader peut-être à soi-même, qu'elle est grosse de difficultés et de périls. Il n'en est rien pourtant : une conversion de rentes, naturellement amenée et indiquée par l'élévation du crédit, est de toutes les opérations de finances la plus élémentaire et la plus simple. Pourquoi tant de soins pour en éviter le retour ? Dans un temps comme le nôtre, où le crédit est monté par degrés de l'abîme où il était naguère, à un certain point d'élévation, elle aurait dû être au contraire une opération en quelque sorte régulière et

Charles Coquelin

normale, et c'est ce qui serait arrivé inévitablement, forcément, si dès longtemps tout le système de nos emprunts publics n'avait été vicié dans son principe.

Il est arrivé à nos gouvernements, comme aux particuliers, de connaître de mauvais jours. Leur crédit était alors très bas, l'intérêt de l'argent qu'on leur offrait très élevé, et ce n'est pas aller jusqu'à l'extrême limite de dire que, dans ces circonstances, ils ont quelquefois emprunté à 10 pour 100 et au-delà. Pour procéder avec logique, il eût fallu alors dire ouvertement, franchement, que l'on empruntait à 10 pour 100, et créer un fonds public à ce titre. Outre qu'il y aurait eu dans ce système loyauté et franchise, on y aurait trouvé des avantages prochains. Au lieu de cela, qu'a-t-on fait ? Alors même qu'on empruntait effectivement à 10, c'est par la vente d'un titre en 5 p. 100 que l'emprunt était effectué. On vendait, par exemple, 10 millions de rentes dont on obtenait en capital 100 millions, ce qui établissait très clairement l'intérêt à 10 ; mais ces rentes, on les constituait néanmoins en 5 pour 100, comme si on avait effectivement emprunté à ce dernier taux. Changeait-on par-là les conditions actuelles du marché ? Non. La seule conséquence de ce choix, c'est que l'état s'obligeait, quelle que fût la somme qu'il eût effectivement reçue, à restituer, en cas de remboursement, 100 francs de capital pour 5 francs de rentes.

D'où a pu venir l'idée d'adopter un système aussi étrange et aussi faux ? La seule explication plausible que l'on puisse en donner, c'est que le gouvernement ayant interdit aux particuliers, par une politique que nous ne voulons pas juger ici, la faculté d'emprunter au-dessus de ce qu'on appelle le taux légal, c'est-à-dire 5 ou 6 pour 100, selon la nature des affaires, il n'a pas voulu violer pour son compte, ostensiblement et d'une manière flagrante, les règles qu'il avait lui-même posées. Obligé pourtant d'emprunter, et ne trouvant pas à le faire au taux légal, il a bien dû se résoudre à cette violation du principe. Mais s'il n'a pu sauver le fond, il a du moins voulu sauver les apparences ; s'il n'a pu maintenir le taux légal dans la réalité et dans les choses, il a voulu du moins le conserver dans la forme et dans les mots. De là cette création de rentes dénommées 5 pour 100, alors même qu'on empruntait effectivement à 10. C'était une fiction, un mensonge, destiné seulement à couvrir une inconséquence de la loi ; mensonge fort innocent, en ce sens que personne n'en était dupe. Néanmoins, comme il imposait à l'état l'obligation d'opérer plus tard le remboursement du capital dans la proportion indiquée par le titre de la rente, la fiction est devenue ensuite pour l'état une rude et désastreuse réalité. Il y a eu, nous ne craignons pas de le dire, dans cette espèce de jeux de mots, dans cette feinte puérile, une erreur financière du premier ordre.

Nous savons que cette pratique absurde a trouvé, comme tant d'autres, ses partisans. Après l'avoir imaginée dans l'unique but de tromper les yeux, on a voulu plus tard l'ériger en système, et on a vanté les prétendus avantages qui en découlent. On a dit que si, en offrant des rentes 5 pour 100 alors que l'intérêt est à 10, l'état s'impose des sacrifices dans l'avenir, il obtient aussi dans le présent des conditions meilleures, parce que l'accroissement futur du capital est pour les prêteurs un encouragement et une amorce. Il y a quelque chose de vrai dans cette assertion, nous ne le nions pas ; mais, si l'on a bien suivi ce qui précède, on a dû comprendre que cet avantage n'est jamais aussi grand qu'on l'imagine. Or, ce bénéfice actuel, toujours bien médiocre, on le paie dans la suite fort chèrement. Comparons selon cette donnée les deux systèmes, en adoptant quelques chiffres pour exemples, et mettons en balance leurs résultats.

Supposons que le gouvernement contracte un emprunt dans un temps où le taux de l'intérêt est, par rapport à l'état, à 10 pour 100, et que, pour réaliser cet emprunt, il émette 10 millions de rentes. Si, fidèle à la vérité, docile à la loi que les circonstances lui dictent, il émet ces rentes en 10 pour 100, il obtiendra sur cette émission un capital à peu près correspondant au pair ; supposons-le seulement de 96 ou 98 millions. Aucune faveur ne lui est faite pour le présent ; mais voyez ses avantages prochains. D'abord, quand le jour du remboursement sera venu, il ne rendra guère à ses créanciers que le capital reçu, sauf une différence de 2 à 4 millions au plus. La position sera meilleure encore en ce qui touche les intérêts. Pour peu que l'état du crédit s'améliore, que la prospérité revienne, sa dette se fondra pour ainsi dire au soleil des jours meilleurs. Aussitôt que le taux de l'intérêt sera descendu seulement à 9 pour 100, il pourra entrer dans la voie des réductions. Une première conversion remplacera les titres anciens par des titres nouveaux en 9 pour 100, avec une économie d'un dixième sur le service des intérêts. A chaque décroissance successive de l'intérêt surviendra une conversion nouvelle, en 8, en 7, en 6, en 5, et chaque fois avec une économie pareille. Arrivé à ce dernier terme, le montant total de la dette annuelle sera déjà réduit de moitié, sans qu'alors même la ressource des réductions soit épuisée. Combien de temps faut-il pour amener dans un état un changement semblable ? Nous savons, par l'expérience de la France, que peu d'années suffisent, quand le calme renaît après des temps d'orages. Cette période de temps, quelle qu'elle soit, peut et doit paraître longue, presque indéfinie, à des prêteurs qui ne peuvent d'avance en calculer la durée, et qui ne sont pas sûrs de vivre : voilà pourquoi ils estiment mal les avantages qui doivent la suivre ; mais elle compte à peine dans l'existence d'un état. Ainsi, perte insignifiante sur le capital, prompte et successive réduction des intérêts, voilà ce qu'on trouve dans ce système. Si on l'avait suivi en France depuis le temps où la dette consolidée existe, il est impossible de dire dans quelle mesure le pays se serait déjà débarrassé du fardeau de ses anciennes dettes.

En suivant l'autre système, on arrive à des résultats tout différents : Ici nous supposons qu'au lieu d'émettre ses 10 millions de rentes en 10 pour 100, comme le veut l'état du crédit, le gouvernement les émette en 5 ; obtiendra-t-il pour cela des conditions actuelles notablement meilleures ? Oui, dans une certaine mesure ; mais, au milieu, de ces jours de crise, il y a, soyez-en sûr, tant dans la situation générale du crédit que dans les inquiétudes des prêteurs sur l'avenir, un obstacle invincible à une grande surélévation du capital, d'autant mieux que la plupart des prêteurs actuels sont d'avance résolus à se défaire de leurs titres dans un terme fort prochain. Admettons une faveur telle, que l'état obtienne, par exemple, pour les 10 millions de rentes qu'il émet, au lieu de 96 ou 98 millions, comme nous le disions tout à l'heure, 104 ou 106 millions en capital. Assurément la différence est grande, et nous croyons l'exagérer plutôt que l'amoindrir. Voilà l'avantage conquis ; voici maintenant les charges. D'abord, si l'état vient un jour à offrir le remboursement à ses prêteurs, pour 104 ou 106 millions qu'il aura reçus, c'est 200 millions qu'il devra rendre ; perte énorme, presque égale au capital emprunté. Ce qui est bien plus grave, c'est que dans cette hypothèse l'état voit reculer indéfiniment l'époque où il pourra songer à réduire sa dette. Vainement l'intérêt de l'argent tombera-t-il par degrés à 9, à 8, à 7, à 6 pour 100 ; toutes ces améliorations successives de l'état du crédit ne lui profiteront pas. Ce taux exorbitant d'intérêt qu'il aura accepté dans les temps de crise, et qui n'était acceptable qu'alors, il le supportera désormais sans retour. Pour qu'il songe à convertir les rentes, il faudra que l'intérêt soit tombé de 10 à 5 pour 100, et même au-dessous. C'est donc seulement lorsque déjà le montant de sa dette devrait être réduit de moitié, qu'il pourra commencer à y faire quelques réductions fort incomplètes.

Cette dernière considération nous ramène au sujet qui nous occupe. On voit donc que, si l'on avait suivi dans les emprunts publics un système logique et vrai, les réductions d'intérêts, ou, ce qui revient au même, les conversions de rentes, seraient devenues, dans notre existence financière, un fait ordinaire, régulier, normal. Combien d'opérations de ce genre n'aurions-nous pas vu s'effectuer depuis trente ans ! Toujours prévues d'avance, elles n'auraient excité ni résistance ni émoi ; l'habitude en aurait fait pour tout le monde un jeu. Loin de nuire à notre crédit, elles en auraient favorisé l'essor, soit en marquant d'un signe pour ainsi dire sensible chacun des degrés de sa marche ascendante, soit en améliorant de plus en plus la situation réelle de nos finances. Enfin ce qui reste à faire aujourd'hui ne serait que la suite et la conséquence d'une longue série de faits du même ordre, et s'accomplirait, comme tout le reste, sans le moindre obstacle.

On a suivi malheureusement une autre marche. Ce qu'il en a coûté à l'état dans le passé, ce qu'il lui en coûte encore, il est impossible de le dire, et nos suppositions de tout à l'heure n'en donnent qu'une imparfaite idée. Quoi qu'il en soit, c'est à cette fatale méthode et à la longue fixité d'intérêts qu'elle a produite, qu'il faut attribuer l'espèce d'étonnement que l'on manifeste à l'annonce d'une mesure bien naturelle, et la résistance que l'on oppose à cette réparation tardive. Il serait trop extraordinaire pourtant que des ministres, des hommes d'état, qui doivent savoir remonter plus ou moins au principe des, choses, partageassent ces préjugés ou se laissassent arrêter par cette résistance insolite.

Nous ne nous arrêterons pas à discuter les objections que l'on propose contre l'opportunité actuelle d'une conversion, ne pouvant nous résoudre à croire qu'après réflexion elles soient acceptées comme sérieuses par ceux mêmes qui les font. Disons seulement quelques mots sur les conditions et les termes dans lesquels on prétend l'exécuter.

Ce qui est possible actuellement, avons-nous dit, c'est une conversion en 3 trois quarts, tout au moins en 4. Pourtant, eu égard à ce qu'il y a en ce moment d'inusité dans la mesure, et à l'espèce d'émoi qu'elle excite, nous comprendrions que l'on se contentât pour le présent d'une conversion en 4 et demi ; mais ce que nous ne pouvons ni concevoir ni admettre, c'est que, même en l'exécutant dans cette mesure étroite, l'état pût accepter encore des conditions. Pourquoi ; donc faudrait-il qu'il s'imposât, comme le veut la proposition de M. Muret de Bort, l'obligation de maintenir le taux de la rente à 4 et demi pendant dix ans ? On n'a que trop différé dans le passé, faudra-t-il qu'aujourd'hui on s'impose encore de nouvelles entraves pour l'avenir ?

Quant à cet autre projet, qui consisterait à convertir les rentes en 3 pour cent, de manière à augmenter le capital de la dette, tout en n'exécutant la réduction des intérêts que dans la proportion du 5 au 4 et demi, il serait aussi extraordinaire qu'inique. C'est, dit-on, afin de dédommager les rentiers. Quoi donc ! alors que l'état n'exerce d'un côté qu'une partie de son droit, il devrait un dédommagement de l'autre. Nous avons montré plus haut quand et dans quelles conditions de semblables compensations peuvent être offertes, quoique, pour notre part, nous repoussions ce principe dans tous les cas : c'est lorsque l'état excède son droit, lorsqu'il va, dans la réduction des intérêts, au-delà des limites indiquées par l'état du crédit ; mais offrir des compensations, lorsqu'on reste même fort en-deçà des limites permises, ce serait en vérité faire trop bon marché de la fortune publique.

ISBN : 978-1973886181

www.ingramcontent.com/pod-product-compliance
Lightning Source LLC
Chambersburg PA
CBHW070935220526
45468CB00005B/1778